国家示范性高等职业院校优质核心课程改革教材

公路工程制图与识图

主　编　李　力　阮志刚
主　审　陈华卫

人民交通出版社

内 容 提 要

本书为国家示范性高等职业院校优质核心课程改革教材。全书共包括10个学习情境，分别是：公路工程制图基础知识，投影的基本知识，点、线、面的投影，基本体的投影，组合体的投影及尺寸标注，认识剖面图和断面图，认识高程投影，识读道路路线工程图，识读桥梁工程图，识读涵洞施工图。

本书可作为高等职业教育道路桥梁工程技术专业及相关专业的教学用书，也适用于五年制高职、中职相关专业，并可作为相关专业工程人员的业务参考书及培训用书。

图书在版编目(CIP)数据

公路工程制图与识图/李力，阮志刚主编. --北京：人民交通出版社，2012.4
 ISBN 978-7-114-09683-9

I.①公… II.①李…②阮… III.①道路工程－工程制图－高等职业教育－教材②道路工程－工程制图－识别－高等职业教育－教材 IV.①U412.5

中国版本图书馆 CIP 数据核字(2012)第 039372 号

国家示范性高等职业院校优质核心课程改革教材

书　　名：	公路工程制图与识图
著 作 者：	李　力　　阮志刚
责任编辑：	黎小东
出版发行：	人民交通出版社
地　　址：	(100011)北京市朝阳区安定门外外馆斜街3号
网　　址：	http://www.ccpress.com.cn
销售电话：	(010)59757973
总 经 销：	人民交通出版社发行部
经　　销：	各地新华书店
印　　刷：	北京鑫正大印刷有限公司
开　　本：	787×1092　1/16
印　　张：	4.75
字　　数：	110千
版　　次：	2012年4月　第1版
印　　次：	2017年7月　第2次印刷
书　　号：	ISBN 978-7-114-09683-9
定　　价：	15.00元

(有印刷、装订质量问题的图书由本社负责调换)

四川交通职业技术学院
优质核心课程改革教材编审委员会

主　　任　魏庆曜
副 主 任　李全文　王晓琼
委　　员　(道路桥梁类专业编审组)
　　　　　　杨　平　袁　杰　李永林　张政国　晏大容　黄万才　盛　湧
　　　　　　阮志刚　聂忠权　陈海英　常昇宏　张　立　王闰臣　刘玉洁
　　　　　　宋林锦　乔晓霞
　　　　　　(汽车运用技术专业编审组)
　　　　　　周林福　袁　杰　吴　斌　秦兴顺　张　洪　甘绍津　刘晓东
　　　　　　何　攀　粟　林　李作发　杨　军　莫　凯　高　琼　旷文才
　　　　　　黄云鹏　顾　华　郭远辉　陈　清　许　康　吴晖彤　周　旭
　　　　　　方　文
　　　　　　(建筑工程专业编审组)
　　　　　　杨甲奇　袁　杰　蒋泽汉　李全怀　李伯成　郑玉祥　曹雪梅
　　　　　　郑新德　李　燕　杨陈慧

序 Xu

  为贯彻教育部、财政部《关于实施国家示范性高等职业院校建设计划,加快高等职业教育改革与发展的意见》(教高【2006】14号)和《关于全面提高高等职业教育教学质量的若干意见》(教高【2006】16号)精神,作为国家示范性高等职业院校建设单位,我院从2007年开始组织探索如何设计开发既能体现职业教育类型特点,又能满足高等教育层次需求的专业课程体系和教学方法。三年来,我们先后邀请了多名国内外职业教育专家,组织进行了现代职业技术教育理论系统学习和职业技术教育课程开发方法系统的培训;在课程开发专家团队指导下,按照"行业分析,典型工作任务,行动领域,学习领域"的开发思路,以职业分析为依据,以培养职业行动能力为核心,对传统的学科式专业课程进行解构和重构,形成了以学习领域课程结构为特征的专业核心课程体系;与企业专业技术人员共同组成课程开发团队,按照企业全程参与的建设模式、基于工作过程系统化的建设思路,完成了10个重点建设专业(4个为中央财政支持的重点建设专业)核心课程的学材、电子资源、试题库、网络课程和生产问题资源库等内容的建设和完善,在课程建设方面取得了丰厚的成果。

  对示范院校建设工程而言,重点专业建设是龙头;在专业建设项目中,课程建设是关键。职业教育的课程改革是一项长期艰苦的工作,它不是片面的课程内容的解构和重构,必须以人才培养模式创新为核心,实训条件的改善、实训项目的开发、教学方法的变革、双师结构教师团队的建设等一系列条件为支撑。三年来,我们以课程改革为抓手,力图实现全面的建设和提升;在推动课程改革中秉承"片面地借鉴,不如全面地学习",全面地学习和借鉴,认真地研究和实践;始终追求如何在课程建设方面做出中国特色,做出四川特色,做出交通特色。

  历经1000多个日日夜夜的辛劳,面对包含了我们教师团队心血,即将破茧的课程建设成果的陆续出版,感到几分欣慰;面对国际日益激烈的经济的竞争,面对我国交通现代化建设的巨大需求,感到肩上的压力倍增。路漫漫其修远兮,吾将上下而求索!希望更多的人来加入我们这个团结、奋进、开拓、进取的团队,取得更多更好的成果。

  在这些教材的编写过程中,相关企业的专家给予了很多的支持与帮助,在此谨表示衷心的感谢!

四川交通职业技术学院院长

前 言

《公路工程制图与识图》是道路桥梁工程技术专业的一门专业基础课程,其目标是培养学生识读道路桥梁工程图样的能力,使学生初步掌握公路建设的基本知识、技能和施工方法。

作为《道路工程制图》教材的配套学材,本书全面贯彻教育部《关于全面提高高等职业教育教学质量的若干意见》(教高[2006]16号)精神,依据实践专家访谈会中形成的意见和建议,在广泛社会调研和校企合作的基础上,结合《道路工程制图标准》(GB 50162—92)、《公路工程基本建设项目设计文件编制办法》(交公路发[2007]358号)和《公路工程基本建设项目设计文件图表示例》(交公路发[2007]358号)等相关标准、文件,打破以知识传授为主要特征的传统学科课程模式,转变为以工作任务为中心组织课程内容,并让学生在完成具体项目的过程中学会完成相应工作任务,并构建相关理论知识,发展职业能力。课程内容突出对学生职业能力的训练,理论知识的选取紧紧围绕工作任务完成,同时又充分考虑了对理论知识学习的需要。

通过学习情境引领的项目活动,学生在教师指导下,借助标准、资料、文献等,完成对投影基本原理的理解和学习,并通过一定数量的工程图样识读引导,帮助学生了解道路路线、桥梁及其构件等工程图的表达方法及读图方法;对施工图样中出现的问题,能够分析原因并提出解决方案。

全书共分十个学习情境,分别为:公路工程制图基础知识;投影的基本知识;点、线、面的投影;基本体的投影;组合体的投影及尺寸标注;认识剖面图和断面图;认识高程投影;识读道路路线工程图;识读桥梁工程图;识读涵洞施工图。

本书由四川交通职业技术学院李力和阮志刚编写。四川交通职业技术学院陈华卫担任本书主审。在编写过程中得到四川交通职业技术学院杨平、盛湧等老师的大力支持,在此表示感谢!

限于编者的学识水平和实践经验,书中难免有疏漏和错误之处,恳请读者批评指正。

编 者
2012年1月

目　录

学习情境一　公路工程制图基础知识 …………………………………………………………… 1
学习情境二　投影的基本知识 …………………………………………………………………… 6
学习情境三　点、线、面的投影 ………………………………………………………………… 9
学习情境四　基本体的投影 ……………………………………………………………………… 15
学习情境五　组合体的投影及尺寸标注 ………………………………………………………… 20
学习情境六　认识剖面图和断面图 ……………………………………………………………… 26
学习情境七　认识高程投影 ……………………………………………………………………… 31
学习情境八　识读道路路线工程图 ……………………………………………………………… 36
学习情境九　识读桥梁工程图 …………………………………………………………………… 50
学习情境十　识读涵洞施工图 …………………………………………………………………… 58
参考文献 …………………………………………………………………………………………… 63

学习情境一　公路工程制图基础知识

一、任务描述

《道路工程制图与识图》是一门既有系统的理论又有较强的实践性的技术基础课。工程图样是工程施工中的一种重要的技术资料和交流工具,是工程界共同的语言。本学习情境主要介绍公路工程制图相关标准规定、制图工具的使用方法和常用的几何作图方法。

二、学习目标

通过本学习情境的学习,学生应当达到以下要求：
(1)能运用道路工程制图常用的标准及规范作图；
(2)能正确地进行尺寸标注；
(3)能运用几何作图的方法绘制常用的基本图形。

三、学习内容

(1)制图工具及基本规格；
(2)几何作图。

四、任务实施

1. 学习准备

1)基本概念

图幅： 全称是图纸幅面,指绘制技术图样的图纸的尺寸。图纸幅面共有五种：A0、A1、A2、A3 和 A4,划分示意图见图 1-1。

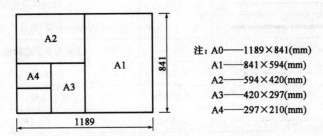

图 1-1　图纸幅面划分示意图(尺寸单位：mm)

图框： 指图纸上限定绘图区域的线框(图 1-2)。工程技术图纸不论装订与否,都需要在图幅内按规定尺寸和格式绘制图框。

图纸标题栏： 又称图标,是工程图纸上用来表明图纸信息的一种标签栏,一般绘制在图框内右下角。栏内应填写绘图单位名称、工程项目名称、图纸名称以及图纸绘制工作各人员职责、图纸编号、绘图日期等。

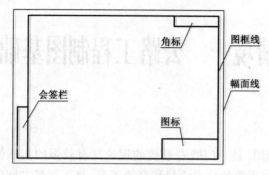

图1-2 幅面格式示意图

会签栏:是工程图纸上用来表明信息的一种标签栏,一般绘制在图框外左下角。栏内应填写会签人员所代表的专业、姓名、日期(年、月、日)等,不需要会签的图纸可以不设会签栏。

角标:是工程图纸上用来表明图纸页码信息的一种标签栏,一般绘制在图框内右上角。栏内应填写图纸的页码、绘图范围等。

比例:指图样中图形与实物相应线性尺寸的比值。绘图过程中,应按照布图合理、均匀、美观的原则以及图形的大小和图形复杂程度来选择绘图比例。

图线:工程图样应该由不同类型的线型、不同粗细的线条构成;不同的图线用于表达图样的不同内容以及分清图中的主次关系。

尺寸标注:形体的投影图,虽然已经清楚地表达形体的形状和各部分的相互关系,但还必须注上足够的尺寸,才能明确形体的实际大小和各部分的相对位置,作为施工时的依据。

2)知识要点

(1)工程图的线型、线宽、用途及其画法见表1-1。

工程图的线型、线宽、用途及其画法　　　　　表1-1

名　称	线　型	线　宽	一　般　用　途
标准实线	——————	b	绘制可见轮廓线
细实线	——————	$0.25b$	绘制尺寸线、剖面线、引出线、图例线、原地面线等
中实线	——————	$0.5b$	绘制较细的可见轮廓线、钢筋线等
加粗实线	——————	$(1.4\sim2.0)b$	绘制图框线、路线设计线、地平线等
粗虚线	- - - - - -	b	绘制地下管道和地下建筑物等
中虚线	- - - - - -	$0.5b$	绘制不可见的轮廓线
细点画线	—·—·—	$0.25b$	绘制中心线、对称线、轴线等
中粗点画线	—·—·—	$0.5b$	绘制地理界线
双点画线	—··—··—	$0.25b$	绘制假象轮廓线、规划中的道路中线、地下水位线等
粗双点画线	—··—··—	b	绘制规划红线
波浪线	～～～	$0.25b$	绘制断开界线
折断线	—／—	$0.25b$	绘制断开界线

(2)相交图线绘制的规定：

①线条相交时要求整齐、准确，不得随意延长或缩短。

②当虚线与虚线或虚线与实线相交时，不留空隙，应交于短线处。

③当实线的延长线为虚线时，应留空隙。

④当点画线与点画线或点画线与其他图线相交时，交点应设在线段处。

⑤图线不得与文字、数字或符号重叠、交叉，不可避免时应首先保证文字、数字和符号的清晰。

(3)尺寸标注的一般规定：

①图纸上所有尺寸数字反映的是物体的实际大小，与图的比例无关。

②在道路工程图样中，路线的里程桩号以公里(km)为单位；高程、坡长和曲线要素等均以米(m)为单位；一般砖、石、混凝土等工程结构物以及钢筋和钢材的长度以厘米(cm)为单位；钢筋和钢材的断面尺寸以毫米(mm)为单位。图上尺寸数字之后不必注写单位，但应在注解和技术要求中说明尺寸单位。

③引出线的斜线与水平线应采用细实线绘制，其交角一般按90°、120°、135°或150°绘制。当图形需要文字说明时，可将文字说明标注在引出线的水平线上。当倾斜线在一条以上时，各倾斜线应平行或交于一点。

④标注圆的直径时，要在直径尺寸数字前加注符号"Φ"或"$d(D)$"；标注半径时，要在半径尺寸数字前加注符号"$r(R)$"。当圆的直径较小时，半径与直径可标注在圆外；当圆的直径较大时，半径尺寸的起点可不从圆心开始。

⑤对弧线的长度标注时，其尺寸界线应垂直于该圆弧的弦；当弧长需要分别标注时，尺寸界线也可以沿径向引出。

⑥标注球体尺寸时，应在直径和半径符号前加注"S"，如"$S\Phi$"、"SR"。

⑦角度标注应以角的顶点为圆心的圆弧为尺寸线，以角的两边为尺寸界线来标注，角度的起止符应以箭头表示，角度数值宜写在尺寸线上方中部。当角度太小不便于标注时，可将尺寸线标注在角的两边的外侧。

⑧高程标注时，高程符号应采用细实线绘制的等腰直角三角形表示。顶角应指在需要标注的被注点上，向上、向下均可。高程数字宜标注在三角形的右侧。当图形复杂时，也可以采用引出线形式标注。一般道路工程图样中除水准点注至小数点后第3位外，其余高程仅需注至小数点后第2位。

⑨坡度标注时，若坡度值较小，坡度的标注宜用百分率表示，并应标注坡度符号；当坡度值较大时，坡度的标注宜用比例的形式表示。

2. 引导问题

通过对本部分的学习，请回答以下问题：

(1)工程图样图幅的长边与短边之间的关系是怎么规定的？如果需要加长幅面时(如绘制跨度较大的桥梁总体布置图)，应如何处理幅面的尺寸关系？

（2）工程图样绘制时，选取绘图比例主要有哪些考虑？常用的绘图比例和可用比例分别有哪些？请列举常见工程图样所采用的绘图比例。

（3）一个完整的尺寸标注由哪些部分组成？各部分的作用是什么？

3. 任务实施

任务一 请根据所学内容，分析图1-3中各图线相交绘制是否正确；如果错误，请按正确的方法重新绘制。

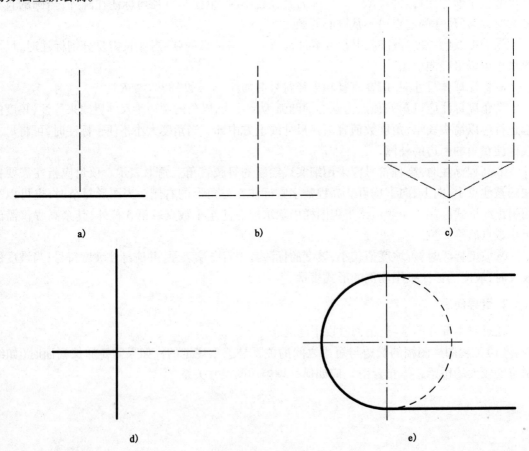

图1-3 任务一图样

任务二 请根据所学内容,分析图 1-4 中的图样标注否正确;如果错误,请说明并按正确的方法重新标注。

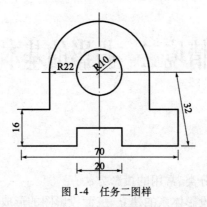

图 1-4 任务二图样

任务三 请根据所学内容,指出图 1-5 中各部分绘制时应该使用的线型、线宽。

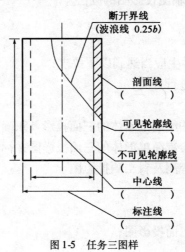

图 1-5 任务三图样

学习情境二 投影的基本知识

一、任务描述

本学习情境主要介绍：
(1) 投影的形成、投影的分类、常用的投影方法；
(2) 正投影的特性、三面投影体系的建立、三面投影图的形成、关系；
(3) 基本体的投影、标注及轴测投影图的画法。

二、学习目标

通过本学习情境的学习，学生应当达到以下要求：
(1) 能对常用的投影方法进行分类；
(2) 能描述正投影的特性；
(3) 能运用三面投影的方法绘制基本体的三面投影及正确标注尺寸；
(4) 能运用正投影的特性绘制简单形体的三面投影图并标注尺寸；
(5) 能绘制简单形体的正等测及斜二测投影图。

三、学习内容

(1) 投影的概念及形体的三面投影图；
(2) 基本体的投影及尺寸标注；
(3) 基本体的轴测投影图。

四、任务实施

任务：绘制简单形体的三面投影及轴测投影

通过学习教材相关内容和查阅资料，掌握投影的概念及形体的三面投影图的形成及画法。

1. 学习准备

1) 基本概念

投影：按照投影的方法，把形体的所有内外轮廓和内外表面交线全部表示出来，且依投影方向，凡可见的轮廓线画实线，不可见的轮廓线画虚线，这样形成的影子就发展成为能满足生产需要的投影图，简称投影。

中心投影：所有投射线都从一点（投射中心）发出的投影。

平行投影：所有投射线都互相平行的投影。

正投影：投射线互相平行且与投影面垂直。

轴测投影:是把物体按平行投影法投射至单一投影面上所得到的投影图。
透视投影:是一种中心投影。
高程投影:是一种带有数字标记的单面正投影,常用来表示不规则曲面。
正轴测投影:将形体斜放,使其三个坐标轴方向都倾斜于一个投影面,然后用正投影的方法向该投影面投影形成的投影图。
斜轴测投影:采用斜投影的方法向一个投影面投影形成的投影图。
轴测投影面:轴测投影的投影面。
轴测投影轴:直角坐标轴在轴测投影面上的投影。
轴间角:轴测投影轴之间的夹角。
轴向伸缩系数:轴测投影长度与三条直角坐标轴上的单位长度之比。

2)知识要点

(1)投影的分类 $\begin{cases}中心投影\\平行投影\begin{cases}斜投影\\正投影\end{cases}\end{cases}$

(2)工程上常用的几种图示法:
①正投影法;②轴测投影;③透视投影;④高程投影。

(3)正投影的特性:
①类似性;②从属性;③定比性;④实形性;⑤积聚性;⑥平行性。

(4)三面投影体系的建立及其名称(图2-1):

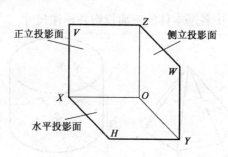

图2-1 三面投影体系

(5)三面投影图的形成:
①由上向下投影,在 H 面上所得的投影图,称为水平投影图,简称 H 面投影;
②由前向后投影,在 V 面上所得的投影图,称为正立面投影图,简称 V 面投影;
③由左向右投影,在 W 面上所得的投影面,称为(左)侧立面投影图,简称 W 面投影。
投影的三等关系:长对正、高平齐、宽相等。

(6)基本体的轴测投影:
轴测投影的特性:a.仍可沿轴确定长、宽、高方向的尺寸;
b.空间各平行直线的轴测投影仍彼此平行;
c.空间各平行线段的轴向变化率相等。

2.引导问题

通过对本部分的学习,请回答以下问题:

（1）工程上常用的图示方法有哪几种？分别适用于什么条件？

（2）请描述正投影的特性。

（3）请描述形体三面投影图的形成及三等关系。

3. 任务实施

任务一 请画出图 2-2 中各基本体的三面投影并标注尺寸。

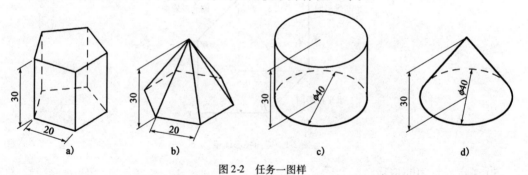

图 2-2 任务一图样

任务二 根据图 2-3 中各简单形体的三面投影，分别绘制其正等测和斜二测轴测投影图。

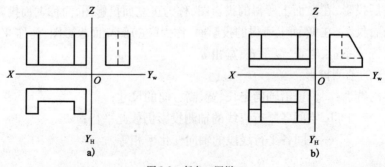

图 2-3 任务二图样

学习情境三 点、线、面的投影

一、任务描述

本学习情境主要介绍：在三面投影体系中点、线、面的图示方法及相互关系。

二、学习目标

通过本学习情境的学习，学生应当达到以下要求：

(1) 能根据点的三面投影规律绘制出点的三面投影、掌握点的投影与坐标的关系并判别两点的相对位置关系；

(2) 能绘制出直线的三面投影、识别出各种位置直线；能求出直线的实长及倾角并判别两直线的相对位置关系；

(3) 能绘制出平面的三面投影、识别出各种位置平面；能求出平面的倾角；能求出直线与平面的交点、平面与平面的交线。

三、学习内容

(1) 点的投影；
(2) 直线的投影；
(3) 两直线的相对位置；
(4) 平面的投影；
(5) 平面上的点和直线；
(6) 直线与平面、平面与平面的关系。

四、任务实施

1. 学习准备

1) 基本概念

一般位置直线：对三个投影面均不平行不垂直的直线。

投影面平行线：只平行某个投影面，倾斜于另外两个投影面的直线。

投影面垂直线：与某一个投影面垂直的直线。

投影面垂直面：垂直于一个投影面，倾斜于其他投影面的平面。

投影面平行面：平行于某一投影面的平面。

一般位置平面：与三个投影面既不平行也不垂直的平面。

2) 知识要点

(1) 点的投影规律

①点的 V 面投影和 H 面投影的连线垂直于 OX 轴;点的 V 面投影和 W 面投影的连线垂直于 OZ 轴。即两投影的连线必垂直于相应的投影轴。

②点的投影至投影轴的距离,反映点至相应投影面的距离。

(2)点的投影与坐标的关系

①点的 H 面投影可反映该点的 X 和 Y 坐标。

②点的 V 面投影可反映该点的 X 和 Z 坐标。

③点的 W 面投影可反映该点的 Y 和 Z 坐标。

(3)一般位置直线的投影特性

①一般位置直线的三个投影都小于实长。

②各投影与相应的投影轴所成的夹角都不反映直线对各投影面的真实倾角。

(4)投影面平行线的共性

①直线在所平行的投影面上的投影反映实长,且该投影与相应投影轴所成之夹角,反映直线对其他两投影面的倾角。

②直线其他两投影均小于实长,且平行于相应的投影轴。

(5)投影面垂直线的共性

①在所垂直的投影面上的投影积聚成一点。

②其他两投影与相应的投影轴垂直并都反映实长。

(6)直角三角形法求直线的实长及倾角

在直线的某一投影上作垂线,取相应的坐标差,则此直角三角形的斜边长即为直线的实长,与投影相邻的锐角即为直线的倾角。

(7)判断点是否在直线上

点在直线上,则点的各个投影必在直线的同面投影上;且点分割线段成正比,其投影也把线段的投影分成相同的比例。

(8)判断两直线的位置关系

①若直线的三面投影都平行,则空间两直线必平行。

②若直线的三面投影都相交且交点满足一点的三面投影规律,则空间两直线相交。

③若两直线既不平行也不相交则必交叉。

(9)判断直线与平面是否平行

若直线平行于平面上的任一直线则此直线必平行于该平面。

(10)判断平面与平面是否平行

若一平面上的相交两直线与另一平面上的相交两直线对应平行,则该两平面互相平行。

(11)直线与平面相交求交点

交点即为直线与平面共有的点。

(12)平面与平面相交求交线

求出一个平面上两条直线与另一平面的交点,连交点即为交线。

2. 引导问题

通过对本部分的学习,请回答以下问题:

(1)点的三面投影规律是怎样的?

(2)若点 A 和点 B 的 X、Y 坐标相等,点 A 的 Z 坐标大于点 B 的 Z 坐标,则点 A 在点 B 的_____方。

(3)若点 A 的 X、Y、Z 坐标均大于点 B 的 X、Y、Z 坐标,则点 B 在点 A 的_____方。

(4)已知点 A(15,20,30),则点 A 距 V 面的距离为_____,距 H 面的距离为_____,距 W 面的距离为_____。

(5)当点有一个坐标为 0 时,则该点一定在某一_____上,如点的_____坐标为 0,则点在 H 面上。

(6)当点有两个坐标为 0 时,则该点一定在某一_____上,如点的 X、Y 坐标为 0 时,则该点在_____上。

(7)点 $O(0,0,0)$ 表示它的三个坐标均为 0,则该点是_____。

(8)原点的三个投影都是_____。

(9)在正投影体系中,直线有哪几种?请描述它们的投影特性。

(10)用直角三角形法求直线实长和倾角,当在 H 面作图时,用的是_____坐标差,求的是_____角;当在 V 面作图时,用的是_____坐标差,求的是_____角;当在 W 面作图时,用的是_____坐标差,求的是_____角。

(11)两直线有几种位置关系?应该怎么判断?

(12)如何判断直线与平面是否平行?

(13)如何判断平面与平面是否平行?

3. 任务布置

任务一 已知 A、B、C、D 点的立体图（图3-1），请根据点的投影规律作出它们的两面投影图，并在表格内填写各点到投影面的距离（单位：mm，在图中直接量取，取整数）。

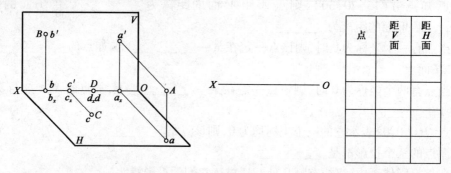

图3-1 任务一图样

任务二 在图3-2中作出 $A(20,17,25)$、$B(0,22,18)$ 两点的立体图和投影图，并说明两点的相对位置关系。

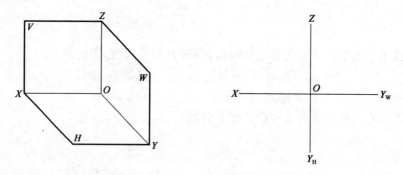

图3-2 任务二图样

任务三 如图3-3所示，已知 A、B、C、D 各点的三面投影，请判断其相对位置关系，并表示各重影点的可见性。

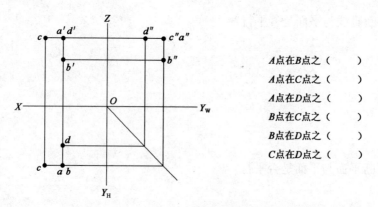

A点在B点之（　　）
A点在C点之（　　）
A点在D点之（　　）
B点在C点之（　　）
B点在D点之（　　）
C点在D点之（　　）

图3-3 任务三图样

任务四 求作图3-4所示三棱锥表面6条直线的 W 面投影，并将6条直线与投影面的相对位置填入表中。对投影图中能反映实长的直线，请标出其倾角 α、β 或 γ。

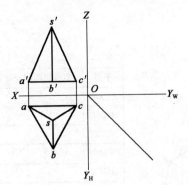

直线	与投影面的相对位置
SA	
SB	
SC	
AB	
BC	
AC	

图 3-4 任务四图样

任务五 如图 3-5 所示,已知直线 AB 实长为 50,试作出其 V 面投影;在直线 AB 上有一点 C,$AC=35$,求 b 和 b'(思考有几种答案)。

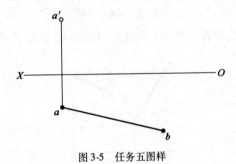

图 3-5 任务五图样

任务六 如图 3-6 所示,请判定直线 AB、CD、EF 的相对位置关系,将判断结果填入括号内,并标识出交点或重影点的位置。

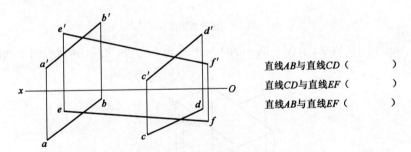

直线 AB 与直线 CD(　　　　）
直线 CD 与直线 EF(　　　　）
直线 AB 与直线 EF(　　　　）

图 3-6 任务六图样

任务七 如图 3-7 所示,线段 BC 为等腰 $\triangle ABC$ 的底边,$\triangle ABC$ 的高与底边相等,并与 H 面成 $\alpha=30°$,试根据已知的 BC 边两面投影作出等腰 $\triangle ABC$ 的两面投影。

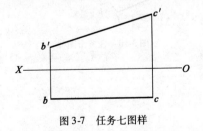

图 3-7 任务七图样

任务八 试完成图 3-8 所示形体的 W 面投影,并将形体各表面与投影面的相对位置关系名称填入右侧表格中。

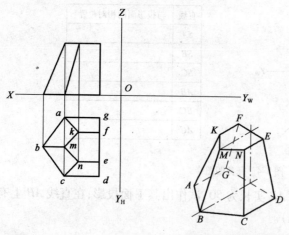

平面	与投影面相对位置对称
AKMB	
BMNC	
NCDE	
FKMNE	
AGFK	
ABCDG	
GFED	

图 3-8　任务八图样

任务九　如图 3-9 所示,求作直线 EF 与平面 $ABCD$ 的交点 K,并判明 EF 的可见性。

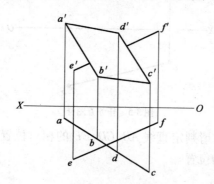

图 3-9　任务九图样

任务十　如图 3-10 所示,求作平面 $ABCD$ 与正垂面 EFG 的交线,并判明两平面的可见性。

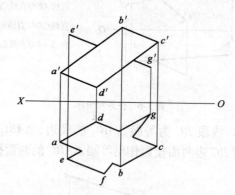

图 3-10　任务十图样

学习情境四　基本体的投影

一、任务描述

本学习情境主要介绍：
(1)在三面投影体系中如何正确绘制出基本体的三面投影；
(2)求出基本体上的截交线以及求出相贯体的相贯线。

二、学习目标

通过本学习情境的学习,学生应当达到以下要求：
(1)能正确、熟练地绘制基本体的三面投影；
(2)能完整、正确、清晰、美观地对基本体进行尺寸标注；
(3)能准确、快速地求出基本体上的截交线；
(4)能正确绘制相贯体的相贯线。

三、学习内容

(1)基本平面立体的三面投影及尺寸标注；
(2)平面与平面立体相交求截交线；
(3)基本曲面立体的三面投影及尺寸标注；
(4)平面与曲面立体相交求截交线；
(5)平面立体与平面立体相交求相贯线；
(6)曲面立体与平面立体相交求相贯线；
(7)曲面立体与曲面立体相交求相贯线。

四、任务实施

1.学习准备

1)基本概念

平面立体:表面全部由平面所围成的几何体。
棱柱体:一个面是多边形,其余的面是平行四边形的平面立体。
棱锥体:一个面是多边形,其余各面是有一个公共顶点的三角形的平面立体。
截平面:平面与立体相交,与立体相交的平面称为截平面。
截交线:截平面与立体表面的交线。
断面:截交线围成的图形。
切割体:被平面切割后的立体。

相贯:两立体相交称为相贯。
相贯体:相交的两立体成为一个整体称为相贯体。
相贯线:相贯体表面的交线。
贯穿点:相贯线上的点。
全贯:当一个立体全部穿过另一个立体时,产生两组相贯线,称为全贯。
互贯:当两个立体互相贯穿,产生一组相贯线,称为互贯。
曲面立体:由曲面或曲面与平面所围成的几何体。
回转体:曲面立体的曲面是由运动的母线绕着固定的导线运动形成的。
素线:母线在曲面上的任一位置。

2)知识要点

(1)棱柱体的投影

棱柱体(直棱柱)的 H 面投影是多边形,其他两面投影是矩形。

(2)棱柱体表面找点

在棱柱侧面上的点在 H 面的各边上,在棱柱顶面和底面上的点的 V 面和 W 面投影在顶面和底面的积聚投影上。

(3)棱锥体的投影

棱锥体的 H 面投影是多边形,其他两面投影是三角形。

(4)棱锥体表面找点

①素线法;②平行线法。

(5)平面立体被平面所截截交线的性质

①截交线是截平面与立体表面的共有线;

②截交线是封闭的平面直线形。

(6)截交线的求作方法与步骤

①形体分析;②找截交点;③连截交线;④整理,判别可见性。

(7)求平面立体相贯线的方法

①棱面法:求参与相交的所有棱面彼此之间的交线,从而得到相贯线的投影;

②棱线法:求出相贯线上的全部折点(贯穿点)的投影,然后把既位于一个立体的同一表面上又位于另一立体同一表面的两点依次相连,形成相贯线。

(8)求平面立体相贯线的步骤

①形体分析;②找相贯点;③连相贯线;④整理,判别可见性。

(9)圆柱体的投影

圆柱体的 H 面投影是圆,其余两面投影是矩形。

(10)圆柱体表面找点

在圆柱面上的点在 H 面的圆周上,在圆柱顶面和底面上的点的 V 面和 W 面投影在顶面和底面的积聚投影上。

(11)圆锥体的投影

圆锥体的 H 面投影是圆,其余两面投影是三角形。

(12)圆锥体表面找点

①素线法;②纬圆法。

(13)曲面立体被平面所截截交线的性质

①截交线是截平面与立体表面的共有线；

②截交线是封闭的平面曲线形或直线形。

(14)截交线的求作方法与步骤

①形体分析,确定截交线的基本形状；

②找特殊点的三面投影；

③补充一般点的三面投影；

④连线、整理,判别可见性。

(15)求平面立体与曲面立体、曲面立体与曲面立体相贯线的步骤

①形体分析,判断相贯线的形状；

②找特殊相贯点的三面投影；

③补充一般相贯点的三面投影；

④连线、整理,判别可见性。

2. 引导问题

通过对本部分的学习,请回答以下问题：

(1)棱柱体、棱锥体、圆柱体、圆锥体及球体等基本体在三面投影体系中的放置方式,一般应遵循什么原则？其投影各有什么特点？

(2)如何在立体表面上取点？在平面立体和曲面立体上取点有何不同？

(3)如何判断相贯立体的可见性？

3. 任务实施

任务一 补全图 4-1 所示三棱锥及其表面上的点、线的三面投影。

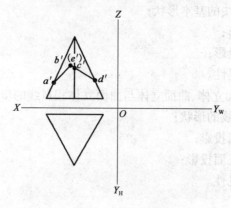

图 4-1 任务一图样

任务二 补全图 4-2 所示切口四棱锥和切口圆柱的三面投影。

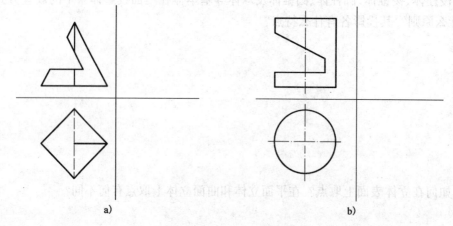

图 4-2 任务二图样

任务三 如图 4-3 所示,分别作出直线 AB 与三棱锥及圆锥表面的交点,注意判别直线的可见性。

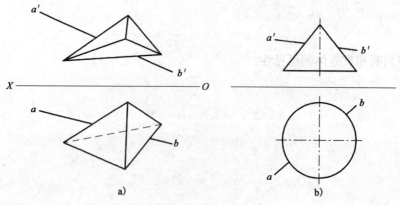

图 4-3 任务三图样

任务四 如图 4-4 所示，分别完成带矩形孔洞的三棱锥的 H、W 面投影以及四棱柱与圆锥相贯后的 V、W 面投影。

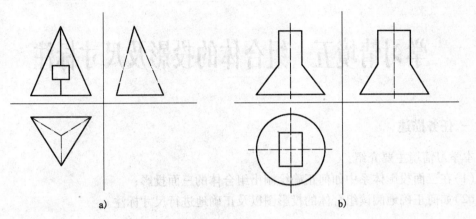

图 4-4 任务四图样

学习情境五　组合体的投影及尺寸标注

一、任务描述

本学习情境主要介绍：
(1)在三面投影体系中如何正确绘制出组合体的三面投影；
(2)如何正确地阅读组合体的投影图以及正确地进行尺寸标注。

二、学习目标

通过本学习情境的学习，学生应当达到以下要求：
(1)能运用多种方法正确、熟练地绘制组合体的三面投影；
(2)能完整、正确、清晰、美观地对组合体进行尺寸标注；
(3)能正确地书写文字说明。

三、学习内容

(1)组合体轴测投影图的画法；
(2)组合体三面投影图的画法；
(3)组合体投影图的阅读；
(4)组合体的尺寸标注。

四、任务实施

1. 学习准备

1)基本概念

组合体：由基本体按不同的形式组合形成的复杂形体。
叠加法：先将组合体分解为若干个基本体，然后按各基本体的相对位置逐个画出各基本体的轴测图，经组合后完成整个组合体的轴测图的方法。
切割法：先画出完整的原始基本体的轴测投影图，然后按其截平面的位置，逐个切去多余部分来画出组合体轴测图的方法。
形体分析法：就是先以特征比较明显的视图为主，根据视图间的投影关系，把组合体分解成一些基本体，并想像各基本体的形状，再按它们之间的相对位置，综合想像组合体的形状的读图方法。
线面分析法：把立体的平面分解为线、面等几何元素，运用线、面的投影特性，识别这些几何元素的空间位置和形状，从而想像出各组成部分之间的相对位置及立体形状的读图方法。
定形尺寸：确定组合体各组成部分形体大小的尺寸。

定位尺寸:确定各组成部分相对位置的尺寸。
总体尺寸:确定组合体外形的总长、总宽、总高的尺寸。
2)知识要点
(1)组合体的分类
①叠加式;②截割式;③综合式。
(2)组合体轴测投影图的画法
①叠加法
a.形体分析;
b.建立坐标系;
c.依次绘制各基本体的轴测投影图;
d.校核、清理图面,加深图线。
②切割法
a.形体分析;
b.建立坐标系;
c.画完整基本形体的轴测投影图;
d.按截平面的位置逐个切去被切部分;
e.校核、清理图面,加深图线。
(3)组合体投影图的画法
①形体分析;
②选择投影图;
③选比例、定图幅;
④布置投影图;
⑤绘制底图;
⑥检查和描深;
⑦标注尺寸,书写文字说明,填写标题栏。
(4)组合体投影图的阅读
①拉伸法;
②形体分析法:
a.分线框;b.读线框;c.组合线框。
③线面分析法:
a.分析;b.确定各表面的形状和空间位置;c.综合想像整体形状。
(5)组合体的尺寸标注
①尺寸标注应满足的要求:正确、完整、清晰、合理;
②组合体尺寸的种类:
a.定形尺寸;b.定位尺寸;c.总体尺寸。
(6)组合体尺寸标注的方法和步骤
①形体分析,选定基准;
②标注三类尺寸;
③检查复核。

2. 引导问题

通过对本部分的学习,请回答以下问题:
(1)组合体有哪几类？各自有什么特点？

(2)画组合体的轴测投影有哪几种方法？步骤如何？

(3)组合体投影图的作图步骤是怎样的？

(4)组合体投影图的阅读有哪几种方法？各自适用于什么样的形体？

(5)组合体的尺寸标注要满足哪些基本要求？

(6)组合体的尺寸有哪几类？标注步骤是怎样的？

3. 任务实施

任务一 仔细阅读组合体投影图（图5-1）并补画组合体的第三面投影图。

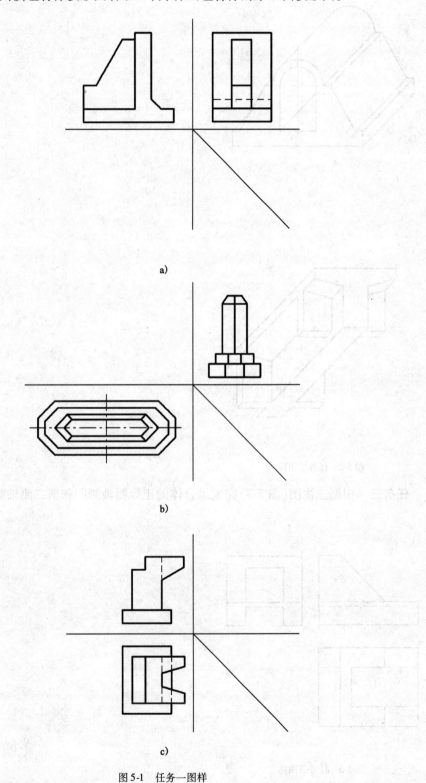

图5-1 任务一图样

任务二 识读斜二测轴测图(图5-2)并按1:1比例绘制分别绘制其三视图。

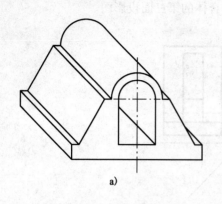

a)

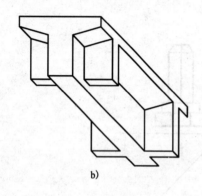

b)

图5-2 任务二图样

任务三 根据三视图(图5-3)完成组合体的正等测轴测图和斜二测轴测图。

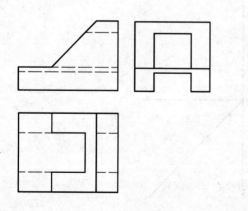

图5-3 任务三图样

任务四 识读正等测轴测图(图5-4),并根据图中尺寸分别用1∶20的比例(单位:mm)绘制其三视图,并标注尺寸。

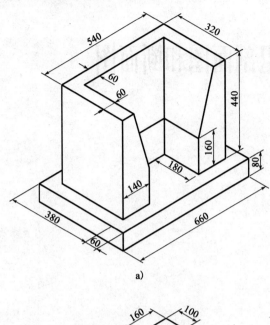

a)

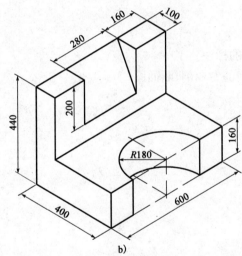

b)

图5-4 任务四图样

学习情境六　认识剖面图和断面图

一、任务描述

本学习情境主要介绍：
(1) 剖、断面图的形成；
(2) 常用剖、断面图的种类、画法及适用范围；
(3) 公路工程中剖、断面图的规定画法。

二、学习目标

通过本学习情境的学习，学生应当达到以下要求：
(1) 能正确描述画剖切轴测图的步骤；
(2) 能利用所学知识绘制出各种剖、断面图；
(3) 能对绘制出的各种剖、断面图、进行正确的标注；
(4) 能运用剖、断面图的规定画法绘制出正确的专业剖、断面图。

三、学习内容

(1) 剖切轴测图的绘制；
(2) 剖面图的绘制及标注；
(3) 断面图的绘制及标注；
(4) 剖、断面图的规定画法。

四、任务实施

1. 学习准备

1) 基本概念

剖面图：用假想的剖切平面将形体切开后，移去观察者与剖切平面之间的部分，画出剩余部分按垂直于剖切平面方向体的投影，并在剖切到的实体部分画上相应的剖面材料图例或剖面线所得的图形。

全剖面图：假想用一个平面将形体全部地剖开，而后画出的剖面图。

半剖面图：当形体的内外形均为左右或前后对称，而外形又比较复杂时，以对称中心线为界，可将其投影的一半画成表示形体外部形状的正投影，另一半画成表示内部结构的剖面图，中间用点画线分界，这种投影图和剖面图各为一半的图称为半剖面图。

局部剖面图：在不影响外形表达的情况下，用剖切平面局部地剖开形体来表达结构内部形状所得到的剖面图。

阶梯剖面图:当形体内部结构层次较多,采用一个剖切平面不能把形体内部结构全部表达清楚时,可以假想用两个或两个以上互相平行的剖切平面来剖切形体所得到的剖面图。

旋转剖面图:用两相交的剖切平面剖切形体后,将被剖切的倾斜部分旋转到与选定的基本投影面平行,再进行投影,使剖面图既得到实形又便于画图形成的剖面图。

展开剖面图:剖切平面是用曲面或平面与曲面组合而成的铅垂面,沿构造物的中心线剖切,再将剖切平面展开(或拉直),使之与投影面平行,并进行投影,这样所画出的剖面图称为展开剖面图。

断面图:当假想用剖切平面将形体剖开后,仅画出被剖切出断面的形状,并在断面内画上材料图例或剖面线,这种图形称为断面图。

移出断面图:所画断面图位于投影图的外面。

重合断面图:重叠在基本视图轮廓之内的断面图。

中断断面图:将长杆件的投影图断开,并把断面图画在断开间隔处的断面图。

2)知识要点

(1)剖切轴测图的画法

①画出形体外表轴测图;

②沿轴测轴切去1/4(或1/2);

③画出内部显露各线;

④画图例线,整理,加粗。

(2)剖面图的形成

用假想的剖切平面将形体切开后,移去观察者与剖切平面之间的部分,画出剩余部分按垂直于剖切平面方向体的投影,并在剖切到的实体部分画上相应的剖面材料图例或剖面线。

(3)剖面图的标注

①剖切位置:用断开的一对长为5~10mm的粗短实线表示;

②投影方向:在剖切线两端的同侧各画一段用单边箭头指明投影方向的细短线,长度为4~6mm;

③剖面图的编号:对剖切位置用一对英文字母或阿拉伯数字来表示,书写在表示投影方向的单边箭头一侧,并在所得相应剖面图的上方居中写上对应的剖面编号名称。其字母或数字中间用长为5~10mm的细短线间隔,在剖面图编号名称的字样底部画上上粗下细两条等长平行的短线,两线间距为1~2mm。

④材料图例:在断面上应画上表示材料类型的图例或剖面线。

(4)画剖面图应注意的问题

①剖切是假想的;当某方向视图表达为剖面图时,其他视图仍应按完整的形体考虑;

②为了确切反映所表达内部结构的真实形状,剖切平面一般选择投影面的平行面,而且尽可能通过形体对称面或孔、洞、槽的轴线;

③剖切平面所剖到的实体部分,应画相应的剖面材料图例或剖面线;

④为保持图形简明、清晰,凡不可见轮廓线(虚线)如果通过其他视图可以表达清楚,均可省略,否则仍应画出。

(5)剖面图的分类及适用范围

①全剖面图:适用于外形结构比较简单而内部比较复杂的形体或非对称结构的形体。

②半剖面图:适用于内外形都需要表达的对称形体。

③局部剖面图:适用于外形复杂,内形简单,而且需要保留大部分外形,只需表达局部内形的形体或形体轮廓与对称轴线重合,不宜采用半剖或全剖的形体。

④阶梯剖面图:适用于表达内部结构不在同一平面的形体。

⑤旋转剖面图:适用于表达内形不在同一平面上,且具有回转轴的形体。

⑥展开剖面图:适用于道路路线、纵断面及带有弯曲结构的工程形体。

(6)断面图的形成

当假想用剖切平面将形体剖开后,仅画出被剖切出断面的形状,并在断面内画上材料图例或剖面线,这种图形称为断面图。

(7)断面图的特点

①剖面图是体的投影,断面图是面的投影;

②断面图的投影方向不用箭头表示,而用文字的书写方向来表示。

(8)断面图的分类

①移出断面;

②重合断面;

③中断断面。

(9)剖、断面图的规定画法

①较大面积的断面符号可以简化;

②薄板、圆柱等构件,凡剖切平面通过其对称中心线或轴线时,均不画剖面线,但可以画上材料图例;

③在工程图中为了表示构造物不同的材料,在同一断面上应画出材料分界线,并注明材料符号或文字说明;

④当剖、断面图中有部分轮廓线与该图的基本轴线成45°倾角时,可将剖面线画成与基本轴线成30°或60°的斜线;

⑤在保证图形表达清楚的情况下,对于图样上实际宽度小于2mm的狭小面积的剖面,允许用涂色的办法来代替剖面线;如要涂黑,邻接部分必须留出空隙;

⑥对称图形可采用绘制一半或1/4图形的方法表示;

⑦在道路工程制图相关标准中,有画近不画远的习惯;

⑧当用虚线表示被遮挡的复杂结构物时,应只绘制主要结构或离视图较近的不可见图线;

⑨当土体或锥坡遮挡视线时,可将土体或锥坡看成透明的;

⑩只需表示形体的一部分形状时,可用折断画法,但尺寸应标注全长。

2. 引导问题

通过对本部分的学习,请回答以下问题:

(1)剖面图是怎么形成的?它的标注包括哪些内容?

（2）常用的剖面图画法有哪几种？各自的适用条件是怎样的？画的时候要注意哪些问题？

（3）断面图是怎么形成的？它和剖面图有何不同？

（4）常用的断面图画法有哪几种？各自的适用条件是怎样的？画的时候要注意哪些问题？

（5）公路工程制图中剖、断面图的规定画法有哪些？要注意哪些问题？

3. 任务实施

任务一 如图6-1所示，按照1∶100的比例绘制图示沉井的三视图。要求：将正立面图和侧立面图画成适当的剖面图（图纸另附）。

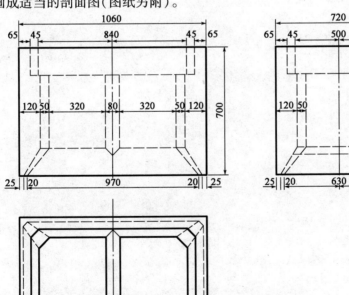

图6-1 任务一图样

任务二 如图 6-2 所示,按照 1:100 的比例绘制 U 形桥台的三视图。要求:将左立面图画成适当的剖面图,将正立面图一半画成正面立面图,另一半画成背面立面图(图纸另附)。

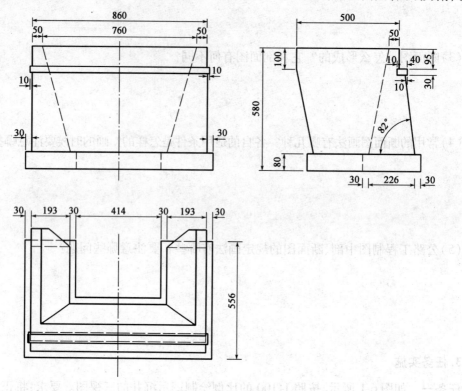

图 6-2 任务一图样

学习情境七 认识高程投影

一、任务描述

本学习情况主要介绍：
(1)高程投影的概念和使用范围；
(2)点、线与平面的高程投影表示法；
(3)曲面、地形面的高程投影表示法；
(4)高程投影在土建工程中的应用。

二、学习目标

通过本学习情境的学习，学生应当达到以下要求：
(1)能绘制出人工坡面与地形面的坡面交线、坡脚线和开挖线；
(2)能读懂常见地形的地形图；
(3)能绘制出地形断面图。

三、学习内容

(1)高程投影的概念和使用范围；
(2)点、线与平面的高程投影表示法；
(3)曲面、地形面的高程投影表示法；
(4)高程投影在土建工程中的应用。

四、任务实施

1.学习准备

1)基本概念

高程投影：指在物体的水平投影上加注某些特征面、线及控制点的高程数值和比例来表示空间物体的方法。

基准面：在高程投影中，高程为0的水平面。

高程：空间一点到基准面的垂直距离。

坡度：直线上任意两点的高差与其水平距离之比。

平距：当两点间的高差为1个单位时两点的水平距离。

等高线：高程投影中，预定高度的水平面与所表示的平面或曲面的截交线。

坡面交线：人工建筑物相邻两坡面的交线。

坡脚线：填方坡面与地形面的交线。

开挖线：挖方坡面与地形面的交线。

同坡曲面：以一条空间曲线作导线，一个正圆锥的顶点沿此曲导线运动，当正圆锥轴线方向不变时，所有正圆锥的包络曲面就是同坡曲面。

地形断面图：用铅垂面剖切地形图，在剖切平面与地形面的截交线上画上相应的材料图例就是地形断面图。

2）知识要点

(1) 点的高程投影

在点的水平投影字母后加上高程数值即为点的高程投影。数值为正表示点在基准面上方，数值为负表示点在基准面下方。

(2) 直线的高程投影

①直线的表示法：

a. 已知直线上任意两点的高程投影；

b. 直线上一个点的高程投影并加注直线的坡度和方向。

②直线的坡度和平距：

坡度(i) = 高差(H)/水平距离(L) = $\tan\alpha$

平距(l) = 水平距离(L)/高差(H) = $\cot\alpha$ = $1/i$

(3) 平面的高程投影

①平面的表示法：

a. 等高线表示法；

b. 用平面上的一条等高线和平面的坡度表示法；

c. 坡度比例尺表示法；

d. 平面上的一条非等高线和该平面的坡度与倾向表示法。

②两平面的相对位置：

a. 平行：如果两平面平行，则它们的坡度比例尺和等高线互相平行、平距相等、高程数字的增减方向一致。

b. 相交：两平面相交有一条交线。应分别求出两平面上两对高程相等的等高线，求其交点并连交点。

(4) 正圆锥面

①必须注明锥顶高程；

②等高线在遇到高程数字时必须断开；

③高程字头朝向高出；

④等高线的疏密反映了坡度的大小。

(5) 同坡曲面

①运动的正圆锥与同坡曲面处处相切；

②运动的正圆锥与同坡曲面坡度相同；

③同坡曲面的等高线与运动正圆锥同高程的等高线相切。

(6) 地形图

①等高线一般是封闭曲线；

②除悬崖、峭壁外，等高线不相交；

③同一地形内等高线愈密地势愈陡，等高线愈稀疏地势愈平坦。

(7)地形断面图

①过需作断面的位置作铅垂面,它与地形面上各等高线的交点为1、2、3、…;

②以剖切线的水平距离为横坐标,以高程为纵坐标定出坐标系;

③将1、2、3、…各点在此坐标系中找到;

④连接各点并画上相应的材料图例即为地形断面图。

(8)高程投影在土建工程中的应用(求人工坡面与地形面的坡面交线、坡脚线和开挖线)

①补充出人工坡面上的等高线;

②找出人工坡面和地形面上同高程等高线的交点;

③尽量光滑地连接各点即为坡面交线、坡脚线和开挖线;

④整理、加粗。

2. 引导问题

通过对本部分的学习,请回答以下问题:

(1)什么叫高程投影?它最适合表达什么面?

(2)什么叫直线的坡度与平距?如何求直线的坡度与平距?

(3)什么叫同坡曲面?它有何特点?

(4)一张完整的地形图上应该有哪些要素?你能辨认出几种最常见的地形吗?

(5)应该如何绘制地形断面图?要注意哪些问题?

(6)求解人工坡面与地形面的坡面交线、坡脚线和开挖线的方法步骤是怎样的？

3．任务实施

任务一 如图 7-1 所示，某圆弧引道两侧边坡的坡度为 1∶2，地面高程为 ±0，试作出各边坡与地面的交线以及各边坡之间的交线。

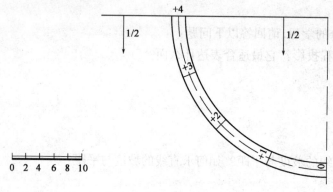

图 7-1 任务一图样

任务二 如图 7-2 所示，A 至 B 为一个管道，请用虚线和实线分别标明管道 AB 埋入地下和露出地面的各段。

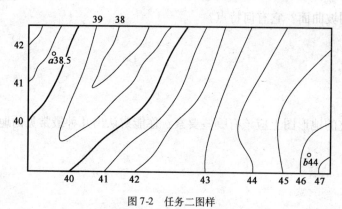

图 7-2 任务二图样

任务三 如图 7-3 所示，某水平路面高程为 +46，填方边坡为 1∶1.5，挖方边坡为 1∶1，试作出填挖分界线。

任务四 如图 7-4 所示，已知某高程为 +48 的水平路面以及各地形点高程，请在读图后完成以下工作：

①补全等高线高差为 2m 的地形图；
②作出道路两侧 1∶1.5 的填方和 1∶0.5 的挖方边界线；
③作出路线上 1—1、2—2 断面的横断面图以及沿路中心线的路线纵断面地面线图。

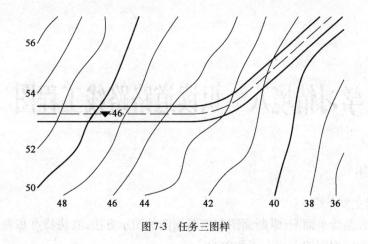

图 7-3 任务三图样

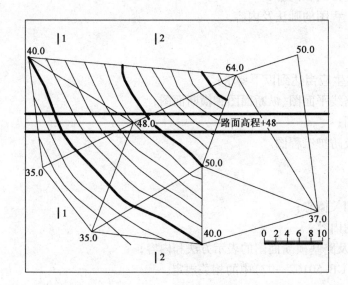

路面高程+48

1—1断面

2—2断面

纵断面图

图 7-4 任务四图样

学习情境八　识读道路路线工程图

一、任务描述

本学习情境主要介绍：
(1)公路工程路线平面图、纵断面图和横断面图的图示方法、画法特点和表达内容；
(2)公路路面结构图的表达方式和内容；
(3)公路排水系统及防护工程图的画法及内容。

二、学习目标

通过本学习情境的学习，学生应当达到以下要求：
(1)能正确识读公路工程路线平面图、纵断面图和横断面图；
(2)能读懂公路路面结构图；
(3)能读懂公路排水系统及防护工程图。

三、学习内容

(1)道路路线工程图及其相关概念；
(2)道路路线工程图包含的内容；
(3)路线平面图、纵断面图及路基横断面图的表示方法和内容；
(4)《道路工程制图标准》(GB 50162—92)中的相关规定。

四、任务实施

1. 学习准备

1)基本概念

道路：是一种供车辆行驶和行人步行的带状结构，其基本组成包括路基、路面、桥梁、涵洞、隧道、防护工程和排水设施等。

公路：位于城市郊区和城市以外的道路。

城市道路：位于城市范围以内的道路。

路线平面图：是用来表达路线的方向、平面线型以及沿线两侧一定范围内的地形、地物情况的图。

路线纵断面图：是通过公路中心线用假想的铅垂剖切面纵向剖切，然后展开绘制后获得的图。

路基横断面图：是用假想的剖切平面，垂直与路中心线剖切而得到的图形。

填方路基：整个路基全为填土区的称为路堤。

挖方路基：整个路基全为挖土区的称为路堑。
半填半挖路基：路基断面一部分为填土区，一部分为挖土区。
高速公路：是适应车速高、通行能力大、有四条以上车道并设有中央分隔带，采用全封闭立体交叉，全部控制出入，有完备的交通管理设施的高标准现代化公路。
路面：是用硬质材料铺筑在路基顶面，用来承受车辆荷载与外界作用的层状结构物。
面层：直接承受车轮荷载反复作用和自然因素影响的结构层。
基层：设置在面层之下，并与面层一起将车轮荷载的反复作用传递到底基层、垫层和土基中的层次。
垫层：是底基层和土基之间的层次，其主要作用是加强土基、改善基层的工作条件。
联结层：是设置在面层和基层之间的层次，其主要作用是加强面层与基层的共同作用或减少基层的反射裂缝。
边沟：设计在路基边缘用来汇集排除路基范围内和流向路基的少量地面水的排水结构物。
截水沟（天沟）：设计在挖方坡顶以外或填方路基上侧适当距离用来拦截山坡流向路基的水流，保护挖方边坡和填方坡脚不受流水冲刷的排水结构物。
跌水和急流槽：都是设置在路基边坡上用来在短距离内降低水流流速、消减水流能量的排水结构物。
暗沟：是设在地面以下引导水流的沟渠。
渗沟：设在地面以下收集地下水的沟渠。
渗水井：是一种立式地下排水设施，是将排不出的地表水或边沟水渗到地下透水层中的用透水材料填筑的竖井。
挡土墙：是一种能够抵抗侧向土压力，防止墙后土体坍塌的建筑物。

2）知识要点
（1）路线平面图
①图示方法：
路线平面图是从上向下投影所得到的水平投影图，也就是用高程投影法所绘制的道路沿线周围区域的地形图。
②内容：
　a. 比例：城镇区为 1∶500 或 1∶1000，山岭区为 1∶2000，丘陵区和平原区为 1∶5000 或 1∶10000；
　b. 方向：指北针箭头所指为正北方向；
　c. 地形：主要用等高线表示；
　d. 地貌地物：按规定图例绘制；
　e. 水准点：已知高程的点，用◆◆符号表示；
　f. 设计路线：公路中线的水平投影，用加粗实线表示；
　g. 里程桩：道路路线的总长度和各段之间的长度用里程桩号表示。里程桩号应从路线的起点至终点依次顺序编号，路线的前进方向从左向右。里程桩分为公里桩和百米桩。公里桩宜标注在路线前进方向的左侧，百米桩宜标注在路线前进方向的右侧，字头朝向终点方向；
　h. 平曲线：路线的转折处设置的圆曲线或缓和曲线。
③阅读方法：

a. 查阅图纸说明,看比例,了解该图纸是哪一段路线的平面图,采用的比例是多少;
b. 查看图纸右上角的角标,了解该平面图共有几张,所看的这张是其中的哪一张;
c. 依据直线、曲线、转角一览表查核转角点坐标网的一系列数值;
d. 根据等高线和图例符号了解路线所在地带的地形、地物情况;
e. 识读平面图中路线的方位和走向;
f. 在平面图中查阅公路的起始点、里程桩、百米桩、曲线要素桩、桥涵桩及位置等;
g. 核查平曲线要素表。

(2) 路线纵断面图

① 图示方法:

路线纵断面图是通过公路中心线用假想的铅垂面将其进行剖切展开后获得的。由于公路中心线是由直线和曲线所组成,因此,剖切的铅垂面既有平面又有柱面。为了清晰地表达路线纵断面情况,特采用展开的方法将断面展开成一个平面,然后进行投影,由此形成了路线纵断面图。

② 内容:

a. 纵断面图水平比例尺与平面图一致,垂直比例尺视地形起伏情况可采用 1:200、1:400 或 1:500;
b. 里程桩号,地面高程与地面线,设计高程与设计线,施工填挖值;
c. 设计线的纵坡及坡长;
d. 竖曲线及其要素,平曲线资料;
e. 设计排水沟沟底线及坡度、距离、高程及流水方向;
f. 沿线桥涵及人工构造物的位置、结构类型及孔径,涵洞有时也可以只表示出位置;
g. 与铁路、公路交叉的桩号及路名;
h. 沿线跨越河流名称、桩号、现有水位及最高洪水位;
i. 水准点位置、编号和高程;
j. 沿线土质、地质分布情况;
k 断链桩位置、桩号及长短链关系。

③ 阅读方法:

a. 查阅图纸说明,看比例,了解该图纸是哪一段路线的纵断面图,采用的比例是多少;
b. 查看图纸右上角的角标,了解该纵断面图共有几张,所看的这张是其中的哪一张;
c. 依据图样中设计线对应的符号和数值,了解该段路线是凹形曲线还是凸形曲线,曲线的起止位置及竖曲线要素值;
d. 根据图例符号了解沿线桥涵及人工构造物等相关情况;
e. 通过资料表了解道路沿线地质状况、坡度、坡长等情况;
f. 根据设计高程和地面高程了解对应桩号的填挖状况;
g. 根据平曲线栏资料了解路线前进方向的转向以及平面、纵断面组合情况。

(3) 路基横断面设计图

① 图示方法:

路基横断面图是在路线中心桩处作一系列垂直于路线中心线的断面图。为了便于计算断面的填挖面积和施工放样,路基横断面图一般画在透明方格纸上。在同一张图纸上路基横断面图是按照桩号的顺序,并从图纸的左下方开始,先由下向上再由左向右排列的,且在每张路基横断面图的右上角都绘制了角标,以说明图纸的序号及总张数,在最后一张图的右下角绘有图标。

② 内容:

a. 路基横断面设计图应绘出所有整桩、加桩的横断面,比例尺采用1:100~1:400;

b. 表示出加宽、超高、边坡及坡率(包括各分级边坡);

c. 表示出边沟、截水沟、碎落台、护坡道、路侧取土坑(如果有)、开挖台阶及视距台等,注明用地界;

d. 绘出挡土墙、护面墙、护脚、护肩、护岸、边坡加固、边沟、排水沟及截水沟加固等构造物,并注明起讫桩号、防护类型及断面尺寸;如果另绘有防护程设计图的话,在横断面设计图中只绘出示意图,注明起讫桩号和设计图编号;

e. 高速公路、一级公路还应标出设计高程,路基边缘高程,边沟、排水沟的沟底设计高程。

③ 识读方法:

a. 查阅图纸说明,看比例,了解该图纸所反映路基横断面是哪一段路线的,采用的比例是多少;

b. 查看某一具体断面的里程桩号,了解该断面的形式是填方断面、挖方断面还是半填半挖断面。

c. 根据断面形式,了解该断面中心线处的填方高度及填方面积(填方路基)、挖方高度及挖方面积(挖方路基),如果是半填半挖路基,则应了解其中心线处的填方和挖方高度及该断面的填方和挖方面积;

d. 了解该断面是否有超高和加宽,超高值和加宽值各是多少;

e. 了解该断面路堤边坡、路堑边坡的坡率;

f. 了解该断面两侧是否设置边沟、排水沟等排水设施,是与否设置护坡、挡墙等路基防护设施。

(4) 路面结构图

① 图示方法:

路面结构图是以断面图形式来反映路面的结构组成以及厚度,主要用于指导路面施工。路面是铺筑在路基顶面的层状结构。路面通常分层铺设的,根据其功能不同,可分为面层、基层和垫层。路面根据其使用的材料和性能不同,可分为柔性路面和刚性路面两类。柔性路面包括沥青混凝土路面、沥青碎石路面、沥青面处治路面等,刚性路面则是以水泥混凝土路面为主。

② 内容:

a. 示出自然区划、每个行车道交通量累计轴次、设计弯沉及土基回弹模量等设计参数;

b. 分别表示出行车道、路肩以及隧道、桥面铺装、桥头路基的路面结构与厚度;高速公路、一级公路还应分别表示出行车道、路缘带、硬路肩、紧急停车带、爬坡车道、互通立交匝道、被交道路、收费站广场等的路面结构与厚度;

c. 绘出路面边缘大样图,列出单位($1000m^2$)工程及材料数量表;

d. 水泥混凝土路面应绘出水泥混凝土路面分块布置、接缝构造和补强设计及刚柔过渡设计图等,比例尺采用1:50~1:500。

③ 识读方法:

a. 查阅图纸说明,看比例,了解该图纸所反映路面结构是属于哪种类型;

b. 查看路面的结构组成以及各结构层的厚度及路基回弹模量取值；

c. 查看中间分隔带的各部分尺寸、构件的位置、选用材料情况等信息以指导施工放样、安装、检查以及验收等；

d. 查看缘石大样图以便在预制或现浇施工时能制作安装模板。

(5) 挡土墙设计图

① 图示方法：

挡土墙是防止路基填土或山坡土体坍塌而修筑的承受土体侧压力的墙式结构物。挡土墙设计图一般由立面图、平面图及一定数量的断面图组成。其中，立面图主要反映挡土墙的起讫点、各特征断面的桩号及墙长、挡土墙分段情况，每段尺寸，伸缩缝的位置与尺寸，还反映挡土墙高度方向的尺寸及墙顶、基础、基底等处的标高以及出泄水孔、护栏的位置与尺寸。平面图主要反映挡土墙与路线的位置关系及与挡土墙有关的地物、地貌等情况。断面图反应挡土墙起讫点、墙高最大处或基础形式变化处的墙身断面形状及详细尺寸。

② 内容：

a. 比例尺为 1:50~1:500；

b. 挡土墙的平纵面图、逐桩及墙高变化处的横断面图、挡土墙断面大样图、挡土墙顶部护栏基础设计图；

c. 按不同情况列出每延米或每处工程及材料数量表；

d. 不同墙高对应尺寸和每延米数量及每处工程和材料数量表；

③ 识读方法：

a. 查阅图纸说明，看比例，了解该图纸所反映挡土墙处于什么位置，属于哪种类型；

b. 查看挡土墙的墙长、分段情况、各特征断面的桩号以及伸缩缝、泄水孔、护栏灯的位置和尺寸；

c. 了解挡土墙与道路中线的位置关系；

d. 查看特征断面的形状及尺寸；

e. 查阅工程数量表，了解该段挡土墙施工所需材料及其数量情况；

f. 阅读设计说明，了解挡土墙施工工艺、流程等相关情况。

2. 引导问题

通过对本部分的学习，请回答以下问题：

(1) 道路工程具有哪些特点？道路的基本组成包括哪些内容？

(2) 根据施工设计文件的编制要求，路桥施工图主要由那几部分内容组成？

(3)路桥施工图有哪些特点?

(4)路线平面图、路线纵断面图以及路基横断面图各自的作用是什么?

(5)路面纵向结构一般由哪些层组成?其各自的作用是什么?

(6)挡土墙的作用是什么?挡土墙是如何分类的?

(7)路基防护工程除了设置挡土墙外,还有哪些形式?

3. 任务实施

任务一 识读图 8-1 中的某路线平面图,回答以下问题。
地形部分:
(1)本图采用的比例是_____。
(2)从图中可以看出,该图采用了坐标网表示地区的方位和路线的走向。图中标出了两个坐标网点,其中 表示两垂直直线的交点坐标为距离原点北_____、东_____,单位为_____。

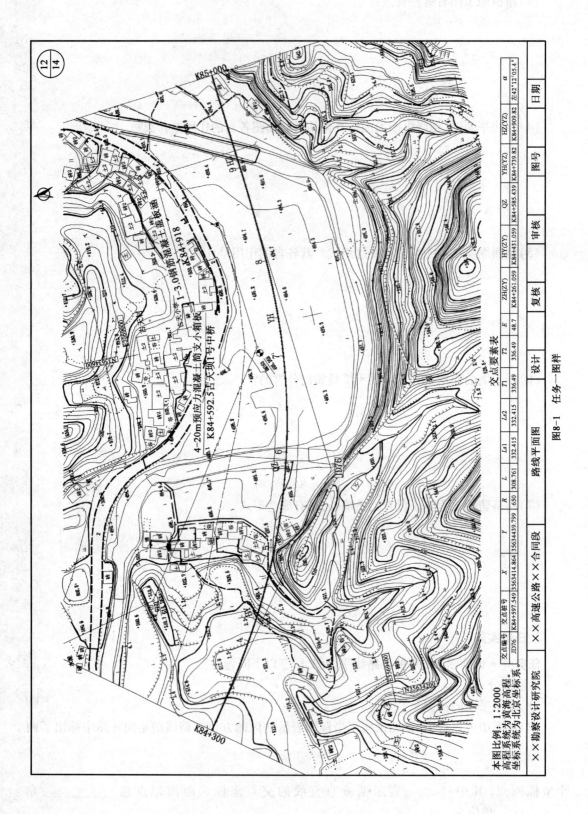

图8-1 任务一图样

(3)图中的等高线和图例反映了路线所在位置的地形、地物情况。从图中可以看出,两等高线之间的高差为_____m,图的上方和下方都为_____地形,中间为地势平坦的坝子。图中还表示出了路线通过位置的地名为_____,同时还表示出了村庄、房屋、水塘等位置。

路线部分：

(1)从图中可知,该路线平面图共有_____张,本图为其中的第_____张,其所示路线桩号范围为_____。

(2)图示路线大致走向为至_____向_____。路线上方标注的数字"7"表示该点的桩号为_____,说明该点距离路线起点为_____m。

(3)图中路线上方标注的英文字母"HY"、"QZ"、"YH"、"HZ"分别表示的含义是：
HY——_____；QZ——_____；
YH——_____；HZ——_____。

(4)图示路线上的结构物有桥梁和涵洞各一座,其中,桥梁的中心位置在_____,结构形式是_____,长度为_____m；涵洞的中心位置在_____,结构形式是_____,跨径为_____m。

(5)控制高程的水准点被清晰地标注在图中,图中水准点$\frac{BM163}{493.268}$表示：水准点的编号为_____,水准高程为_____,其位置在_____。

资料表部分：

(1)通过阅读图中资料表可以知道,该段路线有一处弯道,其交点的标号是_____,交点坐标为_____。

(2)图示路线沿前进方向的偏转方向是_____(左或右),偏转角度为_____。

(3)通过阅读图中资料表可以了解该段路线在弯道处的圆曲线半径为_____m,缓和曲线长_____m,切线长_____m,外距_____m。

任务二 识读图8-2中的某路线纵断面图,回答以下问题。

图样部分：

(1)在路线纵断面图中,水平方向表示_____,垂直方向表示_____。在本图中,水平方向采用的比例是_____,垂直方向采用的比例是_____。

(2)图中不规则的细折线表示_____,它是根据_____连接而成的。图中的粗实线为_____,它反映了_____。比较设计线与地面线的相对位置,可决定_____。

(3)线纵断面图中,在K84+580的处设有一个_____形竖曲线,是用_____符号表示的。其上标注有"T-290.0",表明_____,"E-2.10"表明_____,符号右侧的垂直系短线表明了_____。

(4)从图中可以看出,该段路线上设有4个人工构造物,它们的位置和结构形式分别是：_____、_____、_____、_____。

资料表部分：

(1)通过阅读资料表可以知道,该段路线所在位置的地址状况为：_____。

(2)坡度及坡长栏中,从K84+300～K84+580段斜线下降且斜线上方标有"-2.300%",表明_____,斜线下方标有"280(1400)",其含义是：

43

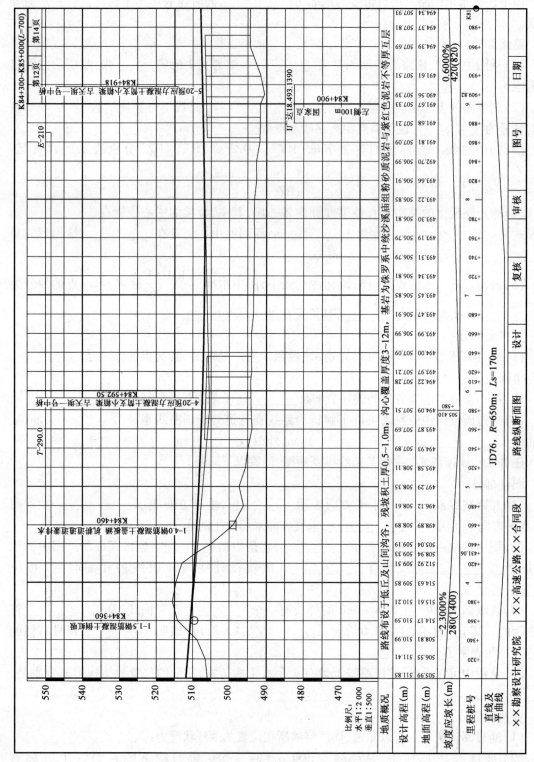

图8-2 任务二图样

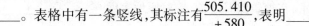_____。表格中有一条竖线,其标注有$\frac{505.410}{+580}$,表明_____。

(3)设计高程栏表明这一栏中的数字对应桩号处的_____;地面高程栏中的数字对应的是该桩号处的_____。

(4)直线及平曲线栏中反映了该段路线的平面线形,栏中"＼＿／"符号表明该段道路沿路线前进方向_____转,其上标注的"JD76,$R=650$;$L_s=170$"表示:_____。

任务三 图 8-3 中分别给出了某高速公路一般路基横断面设计图,其中包含了填方断面、挖方断面及半填半挖断面三种类型。请识读所给出的一般路基设计图,回答以下问题。

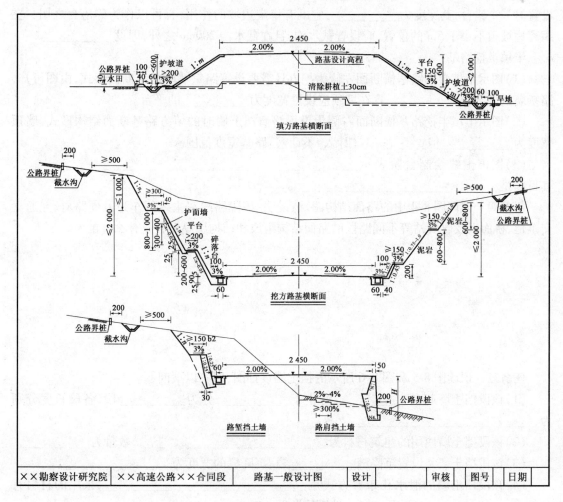

图 8-3 任务三图样

填方路基:

(1)从图中可以看出,该路线的路基宽度为_____m。图中"2.00%"表示_____。

(2)从填方路基横断面图中可以了解,当路基填方高度超过_____m后,需要设置护坡;当填方高度超过_____m后;需要设置一级平台,平台宽度为_____。护坡与排水沟之间应设置护坡道,其宽度为_____。

(3)根据图示要求,在填筑路基之前,应对原地表做_____处理。

挖方路基:

(1)从图中可以看出,挖方路基路肩两侧设置有形状对称,尺寸相同的_____。

(2)图的左侧表示挖方路段需要设置护面墙时的断面形式。当边坡高度在_____时,需设置一级护面墙,边坡坡度为_____;当边坡高度为_____时,需要设置二级护面墙,边坡坡度为_____。护面墙墙顶厚度为_____。

(3)图的右侧表示一般挖方路段的断面形式。图中可知,一般挖方断面两侧的边沟应设置高度为_____的边沟护面墙,墙上设有宽度为_____的_____。当挖方高度为_____时,边坡坡度为_____;当挖方高度≥20m 时,在距路肩_____高度处设置有一个错台,其宽度为_____,它既有稳定边坡的作用,有可以作为碎落台之用。在距离边坡顶不小于5m 的位置,应设截水沟,且在截水沟200cm 之外,埋设_____。

半填半挖路基:

(1)图示半填半挖路基横断面左侧为挖方且需要设置路堑墙时的结断面形式,由图可知,路堑墙的坡度为_____,且在墙顶应设置宽度为_____的平台。

(2)图示半填半挖路基横断面右侧为设置路肩挡土墙时的填方路基断面结构形式,墙顶宽度为_____,但_____(计入/不计入)路基宽度范围。

(3)图中虚线绘制台阶表示_____,其目的是_____。

任务四 识读图 8-4 中的路面结构图,请说明:该段路线在主线行车道及硬路肩、互通立交匝道、桥面以及收费站等不同路段的路面结构组成和结构层厚度各是什么样的?

任务五 识读图 8-5 和图 8-6 所示的挡土墙设计图,回答以下问题。

(1)该段挡土墙起自_____,终止于_____,分为_____段,各段长度分别为_____。

(2)该段挡土墙使用的建筑材料为_____,数量为_____。

(3)该段挡土墙共设置沉降缝_____道,沉降缝的宽度为_____。

(4)该段挡土墙的泄水孔布置方式是_____,采用的材料有_____,材料数量为_____。

(5)该段挡土墙位于公路的_____(直线/曲线)段上,挡土墙到路基中线的距离为_____。

(6)图中给出 K80+240、K80+260 和 K80+285 三处的断面图,这三个断面的挡土墙高度分别为_____、_____和_____。

(7)该段挡土墙的回填材料使用了_____,这些材料的数量分别为_____。

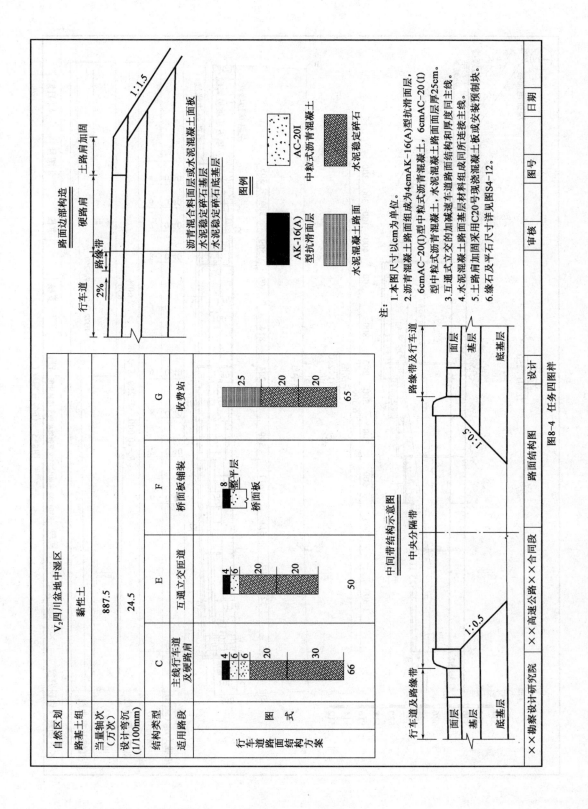

图8-4 任务四图样

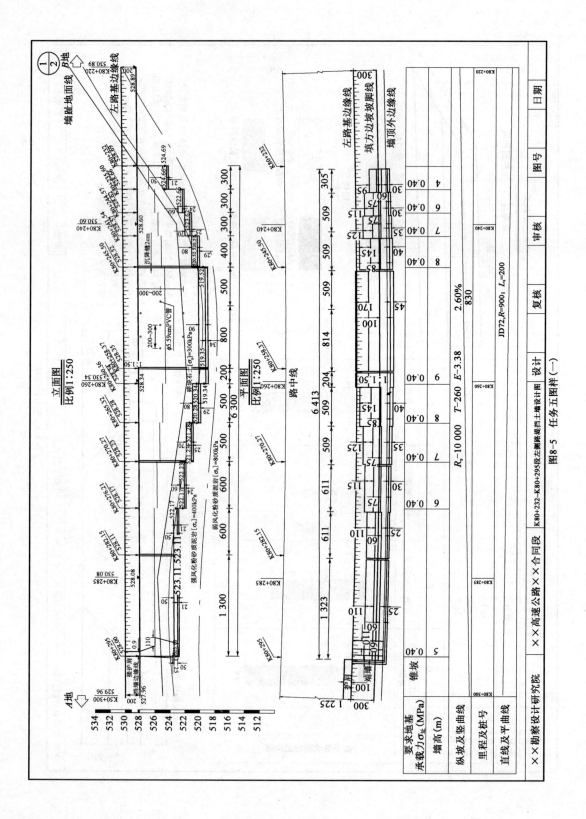

图8-5 任务五图样（一）

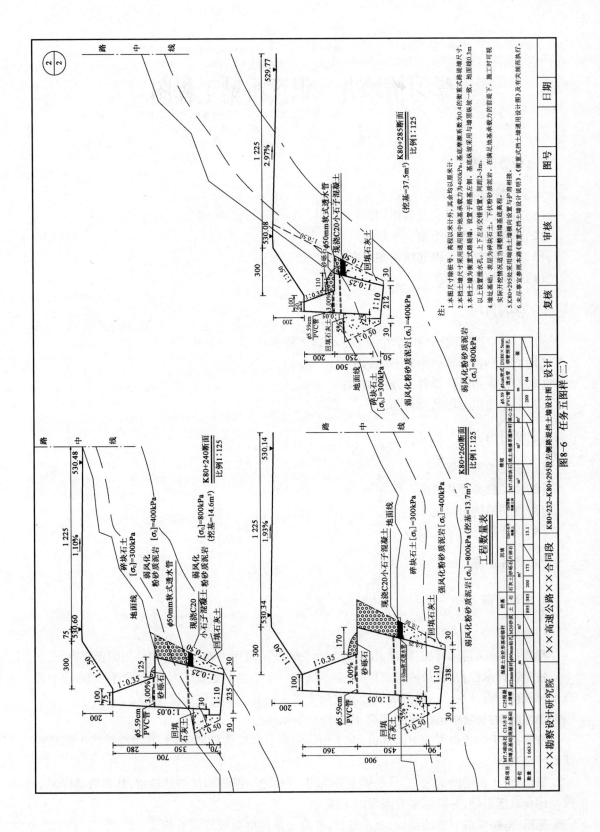

学习情境九　识读桥梁工程图

一、任务描述

本学习情境主要介绍：
(1)桥梁的基本概念及其作用；
(2)桥梁的分类及组成；
(3)桥梁的结构及钢筋结构图简介；
(4)桥梁结构图识读。

二、学习目标

通过本学习情境的学习,学生应当达到以下要求：
(1)能识别各种结构种类不同的桥梁；
(2)能正确指出桥梁各部分的结构；
(3)能正确识读钢筋结构图。

三、学习内容

(1)桥梁的基本概念；
(2)桥梁分类及其组成；
(3)钢筋结构图；
(4)识读常见桥梁工程图。

四、任务实施

1. 学习准备

1)基本概念

桥梁:当公路遇到河流、海洋、山谷或其他交通线路时用来跨越障碍物使用的建筑物。

桥梁设计水位:在设计桥梁工程时,必须确定一个适当的最高水位作为设计标准,这个最高水位就称为设计水位。通常取设计洪水频率对应的洪水水位作为设计水位。

上部结构:桥梁中承担线路荷载,跨越障碍的结构

桥墩:位于多孔桥梁的中间部位,支承相邻两跨上部结构的建筑物,其功能是将上部结构荷载传至基础。

桥台:位于桥梁的两端,支承桥梁上部结构,并使之与路堤衔接的建筑物,其功能是传递上部结构荷载于基础,并抵抗来自路堤的土压力。

基础:是桥梁最下部的结构,上承墩台,并将全部桥梁荷载传至地基。

桥下净空:桥梁上部结构底缘以下的空间界限。

桥梁全长:沿桥梁中心线,两岸桥台侧墙尾端之间的水平距离(无桥台的桥为桥面系的行车道长度)。

净跨径:在墩台边缘之间,沿设计水位量计的长度(不计墩台的厚度)。

总跨径:多孔桥梁净跨径之和。

水泥混凝土:将水泥、粗集料、细集料及水按适当比例配合在一起再经硬化而成的人工石料。

钢筋水泥混凝土:是指通过在混凝土中加入钢筋与之共同工作来改善其力学性质的一种组合材料。

受力钢筋:用来承受结构物内力(拉力或压力)的主要钢筋。

架立钢筋:一般用于钢筋混凝土梁中,用来固定箍筋的位置并与受力钢筋一起形成钢筋骨架。

箍筋:用来固定受力钢筋位置并帮助其承受部分扭力和剪力的钢筋。

分布钢筋:一般用于钢筋混凝土板或高梁结构中,用以固定受力钢筋位置,并使荷载更好地分布给受力钢筋和防止混凝土收缩及温度变化出现的裂缝。

构造钢筋:为了起吊安装或满足构造要求而设置的预埋或锚固钢筋。

混凝土保护层厚度:为防止钢筋裸露在大空气中发生锈蚀,并保证钢筋与混凝土之间有足够的黏着力,钢筋外表面到混凝土边缘必须满足的厚度。

钢筋的弯钩:为了增加受力钢筋与混凝土的黏着力在钢筋端部做成的弯钩。

2)知识要点

(1)桥梁的分类

①按结构形式分:梁桥、板桥、拱桥、悬索桥、斜拉桥、刚架桥和组合体系桥等;

②按建筑材料分:石桥,木桥、钢桥、混凝土桥、钢筋混凝土桥等;

③按承重结构位置分:上承式、中承式、下承式;

④按跨径分:小桥、中桥、大桥、特大桥。

(2)桥梁的基本组成

①上部桥跨结构:梁、板、拱、斜拉索等;

②下部结构:桥墩和桥台;

③基础;

④附属结构:栏杆、灯柱、导流结构物等。

(3)钢筋混凝土结构基本知识

①钢筋的分类:受力钢筋、架立钢筋、箍筋、分布钢筋、构造钢筋;

②各种钢筋的作用:见表9-1;

③有弯钩和弯起的钢筋长度计算方法:查表求弯钩和弯起的增长值;

④钢筋结构图各种符号的含义。

钢筋统一符号 表9-1

级 别	牌 号	符 号	钢筋形状
I	3号钢	A	光圆
II	16锰、16硅钛、15硅钒	B	人字纹

续上表

级 别	牌 号	符 号	钢筋形状
Ⅲ	25锰硅、25硅钛、20硅钒	C	人字纹
Ⅳ	44锰2硅、45硅2钛、40硅2钒、45锰硅钒	D	光圆或螺纹
Ⅴ	44锰2硅、45锰硅钒	D¹	
Ⅰ	冷拉3号钢钢筋	A′	光圆
Ⅱ	冷拉Ⅱ级钢筋、冷拔Ⅱ级钢筋	B¹、B^b	人字纹
Ⅲ	冷拉Ⅲ级钢筋	C′	人字纹
Ⅳ	冷拉Ⅳ级钢筋	D¹	光圆或螺纹

(4)钢筋结构图的阅读

①立面图一般为钢筋立面布置图:要读出钢筋在立面上的分布、位置、大概长度及其编号、数量、种类等信息。

②侧面图一般为结构物的横断面图(可以不止一个):要从此图中读出钢筋在横断面上的位置。

③左下角是钢筋成型图:具体表示出了每一种钢筋的长度、形状、数量、种类、直径等详细信息以供工人加工之用。

④右下角是文字说明。

2. 引导问题

通过对本部分的学习,请回答以下问题:

(1)什么是桥梁?桥梁分为哪几个部分?

(2)按结构形式桥梁分为哪些种类?

(3)钢筋混凝土结构中的钢筋分为哪几种?分别有什么作用?

(4）什么叫混凝土保护层厚度？有什么作用？

（5）钢筋的弯钩有什么作用？常用的钢筋弯钩有哪几种？

3. 任务实施

任务一 阅读图 9-1 中的某 T 形梁桥钢筋结构图，回答以下问题。

（1）请解释下图符号所表达的含义。

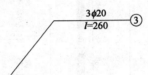

（2）立面图中的"30×41"表示什么含义？

（3）请计算下图所示钢筋的断料长度。

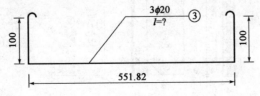

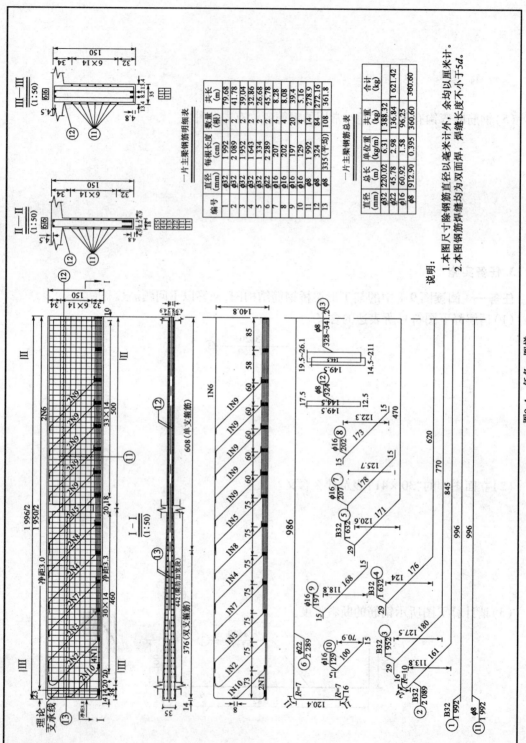

图9-1 任务一图样

(4)请阅读下面钢筋混凝土梁图并回答题后问题。

①请问①号钢筋是_____钢筋,其断面直径为_____,其钢筋品种为_____,数量为_____。

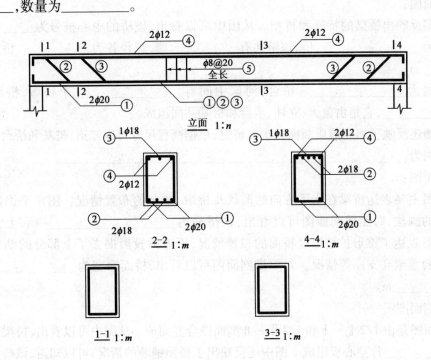

②请问⑤号钢筋是_____筋,其断面直径为_____,其钢筋品种为_____,@20的含义为_____。

③请补全梁的1—1、3—3断面图。

任务二 阅读图9-2中的某桥的总体布置图,回答以下问题。

(1)阅读以上桥梁总体布置图后,对该桥的总体认识如下。

①立面图:

立面图反映出桥梁的特征和桥型。从图中可以看出,该桥的中心桩号为_____。该桥形式为_____桥,该桥共有_____跨,跨径各为_____,桥梁总长为_____m。

桥两端为_____桥台,河床中间有_____个桥墩,桥墩形式是_____,它是由盖梁、立柱、承台和桩基共同组成。

立面图还反映了河床地质断面和水文情况,根据高程尺寸可以知道,桩基和桥台基础的埋置深度分别为_____。

②平面图:

平面图主要表达桥梁在水平方向的形状及桥墩、桥台的布置情况。图示平面图采用了分幅揭层的画法,对照横剖面图可以看出,该桥分为_____幅,上方的投影图部分主要表达了锥形护坡以及桥面的布置情况,下方的投影揭去了上部分的结构以表达桥墩桥台的盖梁和支座等情况。对照横剖面图可以看出,桥面净宽为_____m,总宽为_____m。

③横剖面图:

横剖面图是由1/2Ⅰ—Ⅰ和1/2Ⅱ—Ⅱ剖面图合并而成。从图中可以看出,桥梁的上部结构是由_____片空心板组成。图中还反映出了桥面铺装的情况,可以知道,该桥的桥面由_____层构成,分别是_____。

(2)请写出下图中引线所指部位的名称。

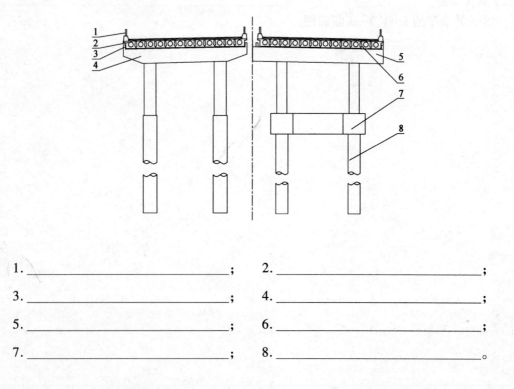

1._____; 2._____;
3._____; 4._____;
5._____; 6._____;
7._____; 8._____。

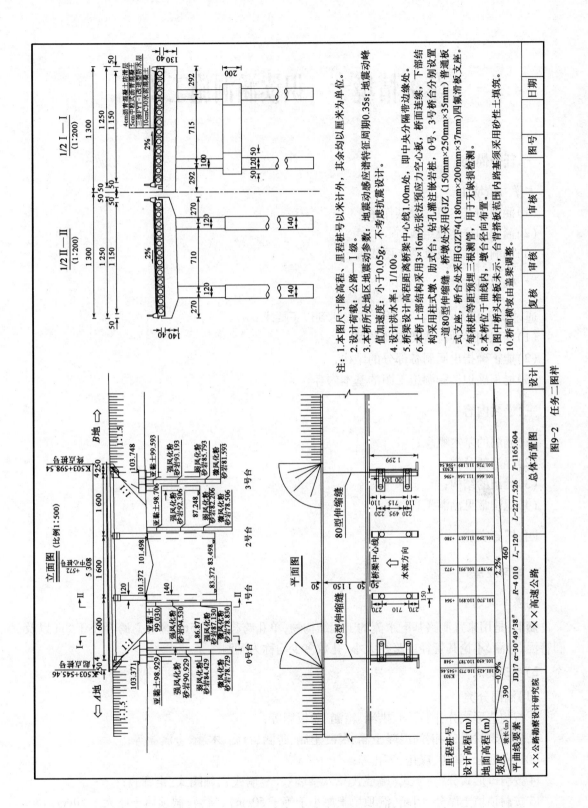

图9-2 任务二图样

学习情境十　识读涵洞施工图

一、任务描述

本学习情境主要介绍：
(1)涵洞的基本概念及其作用；
(2)涵洞的分类及组成；
(3)涵洞的结构及其施工图识读。

二、学习目标

通过本学习情境的学习，学生应当达到以下要求：
(1)能识别各种构造类型的涵洞；
(2)能正确指出涵洞各部分的结构；
(3)能正确识读涵洞施工图的基本内容。

三、学习内容

(1)涵洞的基本概念；
(2)涵洞的分类；
(3)涵洞的结构；
(4)识读常见涵洞工程图。

四、任务实施

1. 学习准备

1)基本概念

涵洞：是用来宣泄路基下水流的工程结构物，单孔跨径小于5m，多孔总跨径小于8m以及圆管涵、箱涵，不论其管径或跨径大小、孔数多少均称为涵洞。

2)知识要点

(1)涵洞分类
①按构造形式分：圆管涵、拱涵、箱涵、盖板涵等；
②按建筑材料分：钢筋混凝土涵、混凝土涵、砖涵、石涵、木涵、金属涵等；
③按孔数分：单孔、双孔、多孔等；
④按洞口形式分：一字式(端墙式)、八字墙式(翼墙式)、领圈式、走廊式；
⑤按洞顶填土厚分：明涵(洞顶填土厚小于等于50cm)、暗涵(洞顶填土厚大于50cm)。
(2)涵洞的组成

洞身是涵洞的主要部分,它的主要作用是承受涵洞上方传递下来的压力并将其传递给基础,同时保证设计流量通过所需的必要孔径。

洞口包括端墙、翼墙或护坡、截水墙和缘石等部分组成,它是保证涵洞基础和两侧路基免受冲刷,使水流顺畅的构造物。

基础是用来承受上部结构传递下来的荷载并把荷载传递到地基中去的构造物。

(3)阅读涵洞图的注意事项

①道路工程图样习惯上涵洞工程图以水流方向为纵向并以纵剖面图代替立面图;

②平面图一般不考虑涵洞上方的覆土或假想土层是透明的,有时平面图与侧面图以半剖形式表达,水平剖面图一般沿基础顶面剖切,横剖面图则垂直于纵向剖切;

③洞口正面布置在侧视图位置作为侧面视图,当进出口形状不一样时,则需分别画出其进出口布置图。

2. 引导问题

通过对本部分的学习,请回答以下问题:

(1)涵洞主要起什么作用?

(2)涵洞按构造形式为哪几种?按洞顶填土高度又分为哪几种?

(3)涵洞由哪几部分组成?各部分分别有什么作用?

任务一 识读图 10-1 所示的圆管涵施工图,回答以下问题。

(1)请问该圆管涵管径是多少?管壁厚度是多少?

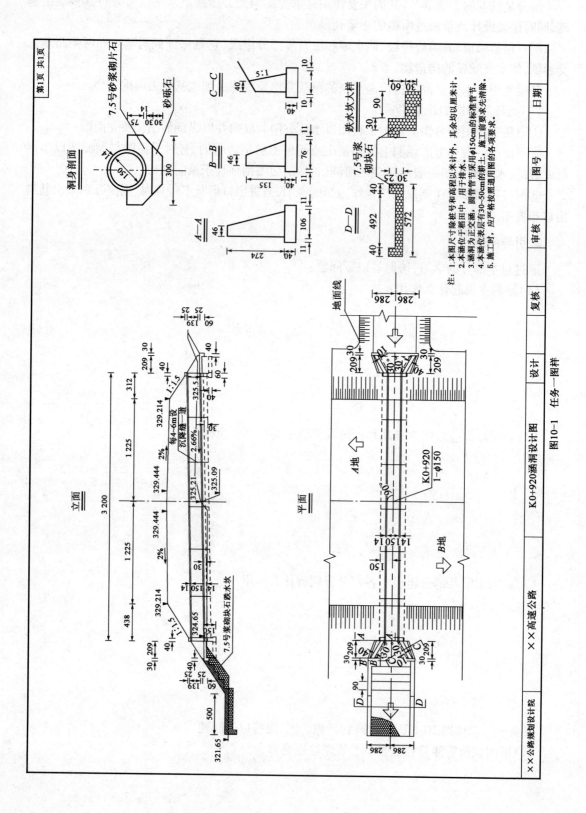

(2)该圆管涵是明涵还是暗涵？为什么？

(3)该圆管涵与路中线夹角为_____,所以它是一座_____涵。
(4)该圆管涵涵底纵坡是_____,涵底高程最高处为_____,最低处为_____。

任务二　识读图10-2所示的钢筋混凝土盖板涵施工图,回答问题。
(1)请问该盖板涵跨径是多少？用的是什么材料？

(2)该盖板涵是明涵还是暗涵？为什么？

(3)该盖板涵与路中线夹角为_____,所以它是一座_____涵。
(4)该盖板涵涵底纵坡是_____,涵底高程最高处为_____,最低处为_____。
(5)该盖板涵的盖板尺寸为_____。
(6)该盖板涵的中心桩号为_____。

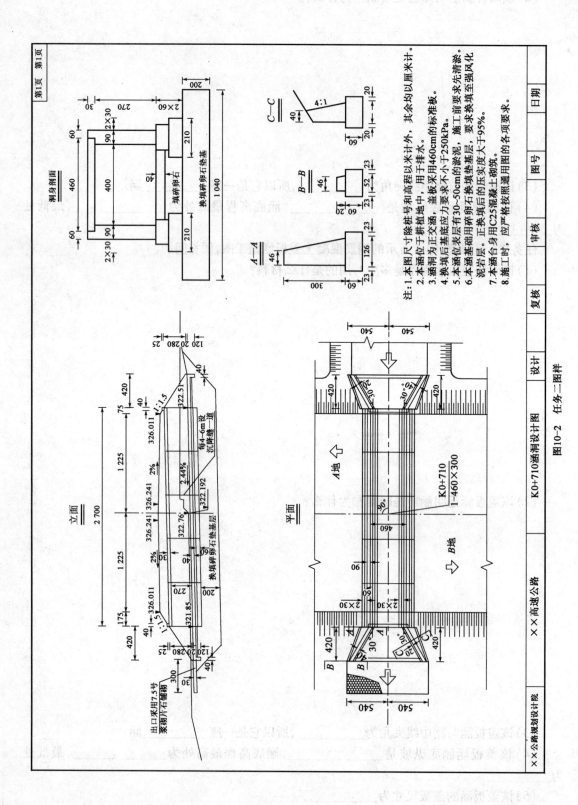

参 考 文 献

[1] 刘松雪,樊琳娟.道路工程制图[M].2版.北京:人民交通出版社,2006.
[2] 曹雪梅,樊琳娟.道路工程制图习题集[M].2版.北京:人民交通出版社,2006.
[3] 张春娥.道路工程制图[M].济南:山东大学出版社,2006.
[4] 赵云华.道路工程制图[M].北京:机械工业出版社,2010.